LIBRO RECOMENDADO

Jarosław Jankowski

¿Sabes quién eres?
Una guía por los 16 tipos de personalidad ID16™©

¿Por qué somos tan diferentes? ¿Por qué asimilamos la información de forma distinta, descansamos de otra manera, tomamos decisiones de otra forma y organizamos de manera diferente nuestra vida?

«¿Sabes quién eres?» te permitirá comprenderte mejor a ti mismo y a los demás. El test ID16 ™© incluido en el libro te ayudará a determinar tu tipo de personalidad, ofreciéndote una valiosa introspección.

Tu tipo de personalidad:
Artista
(ISFP)

Tu tipo de personalidad:

Artista

(ISFP)

JAROSŁAW JANKOWSKI

LOGOS MEDIA

Tu tipo de personalidad: Artista (ISFP)

Esta publicación puede ayudarte a utilizar mejor tu potencial, a crear relaciones saludables con otras personas y a tomar buenas decisiones en lo relativo a la educación y la carrera profesional. Sin embargo, en ningún caso debería ser tratada como un sustituto de una consulta psicológica o psiquiátrica especializada. El autor y el editor no asumen la responsabilidad por los eventuales daños resultantes de un uso indebido de este libro.

ID16™© es una tipología de la personalidad original. No se la debe confundir con las tipologías y los test de personalidad de otros autores o instituciones.

Título original: Twój typ osobowości: Artysta (ISFP)

Traducción del idioma polaco: Ángel López Pombero, Lingua Lab, www.lingualab.pl

Redacción: Xavier Bordas Cornet, Lingua Lab, www.lingualab.pl

Redacción técnica: Zbigniew Szalbot

Editor: LOGOS MEDIA

ISBN (versión impresa): 978-83-7981-176-2
ISBN (EPUB): 978-83-7981-177-9
ISBN (MOBI): 978-83-7981-178-6

Índice

Prólogo

Tu tipo de personalidad: Artista (ISFP) es un extraordinario compendio de conocimiento acerca del *artista*, uno de los 16 tipos de personalidad ID16™©.

Esta guía es parte de la serie ID16™©, formada por 16 libros dedicados a los diferentes tipos de personalidad. De forma exhaustiva y clara responden a las siguientes preguntas:

- ¿Qué piensan y sienten las personas que pertenecen a un determinado tipo de personalidad? ¿Cómo toman las decisiones? ¿Cómo solucionan los problemas? ¿De qué tienen miedo? ¿Qué les irrita?

- ¿Con qué tipos de personalidad se relacionan y cuáles evitan? ¿Qué tipo de amigos, cónyuges, padres son? ¿Cómo los ven los demás?

- ¿Qué predisposiciones profesionales tienen? ¿En qué entorno trabajan de manera más efectiva? ¿Qué profesiones se corresponden mejor con su tipo de personalidad?

- ¿En qué son buenos y en qué deben mejorar? ¿Cómo deben aprovechar su potencial y evitar las trampas?

- ¿Qué personas conocidas pertenecen a un determinado tipo de personalidad?

- ¿Qué sociedad muestra más rasgos característicos de un determinado tipo?

En este libro también encontrarás la información más importante sobre la tipología ID16$^{TM©}$.

Esperamos que te ayude a conocerte mejor a ti mismo y a los demás.

EDITORES

ID16™© entre las tipologías de personalidad de Jung

ID16™© pertenece a la familia de las denominadas tipologías de personalidad de Jung, que hacen referencia a la teoría de Carl Gustav Jung (1875 – 1961), psiquiatra y psicólogo suizo, uno de los principales representantes de la denominada psicología profunda.

Sobre la base de muchos años de estudio y observación, Jung llegó a la conclusión de que las diferencias en las actitudes y las preferencias de las personas no son casuales. Creó la división, bien conocida hoy en día, entre extrovertidos e introvertidos. Además, distinguió cuatro funciones de la personalidad, que forman dos pares de factores contrarios: percepción – intuición y pensamiento – sentimiento. Estableció también que en cada una de estas parejas domina una de las funciones. Jung llegó a la convicción de que las funciones dominantes de cada persona son permanentes e independientes de las condiciones externas y que su resultante es el tipo de personalidad.

En el año 1938 dos psiquiatras estadounidenses, Horace Gray y Joseph Wheelwright, crearon el primer test de personalidad basado en la teoría de Jung, que permitía determinar las funciones dominantes en las tres dimensiones descritas por él: **extroversión – introversión**, **percepción – intuición** y **pensamiento – sentimiento**. Este test se convirtió en una inspiración para otros investigadores. En el año 1942, también en suelo americano, Isabel Briggs Myers y Katharine Briggs comenzaron a emplear su propio test de personalidad, ampliando el clásico modelo tridimensional de Gray y Wheelwright con una cuarta dimensión: **juicio – percepción**. La mayoría de las tipologías y test de personalidad posteriores, referidos a la teoría de Jung, también toman en consideración esta cuarta dimensión.

Pertenecen a ellas, entre otros, la tipología americana publicada en el año 1978 por David W. Keirsey, así como el test de personalidad creado en Lituania en los años 70 del siglo XX por Aušra Augustinavičiūtė. En las décadas posteriores, investigadores de diferentes partes del mundo fueron tras sus huellas. Ellos crearon otras tipologías con cuatro dimensiones y varios test de personalidad adaptados a las condiciones y necesidades locales.

A este grupo pertenece la tipología de personalidad independiente ID16™©, desarrollada en Polonia por el pedagogo y mánager Jarosław Jankowski. Esta tipología, publicada en la primera década del siglo XXI, también se basa en la teoría clásica de Carl Jung. Al igual que otras tipologías de Jung contemporáneas, se inscribe en la corriente del análisis tetradimensional de la personalidad. En el marco de ID16™© estas dimensiones se llaman las **cuatro tendencias naturales**. Estas tendencias tienen un carácter dicotómico y su imagen proporciona información sobre el tipo de personalidad de la persona. El análisis de la primera tendencia tiene como objetivo determinar la **fuente de energía vital** dominante (el mundo exterior o el mundo interior). El análisis de la segunda tendencia determina la **forma dominante de asimilación de la información** (a través de los sentidos o a través de la intuición). El análisis de la tercera tendencia determina la **forma de toma de decisiones** dominante (según la razón o el corazón). El análisis de la cuarta tendencia determina, sin embargo, el **estilo de vida** dominante (organizado o espontáneo). La combinación de todas estas tendencias naturales da como resultado **16 posibles tipos de personalidad**.

La característica especial de la tipología ID16™© es su dimensión práctica. Esta describe los diferentes tipos de personalidad según se comportan en la acción: en el trabajo, en la vida diaria y en las relaciones con otras personas. No se concentra en la dinámica interna de la personalidad, ni tampoco intenta aclarar teóricamente procesos interiores e invisibles. Más bien se concentra en cómo un determinado tipo de personalidad se manifiesta al exterior y de qué forma influye sobre el entorno. Este acento en el aspecto social de la personalidad aproxima de cierto modo la tipología ID16™© a la tipología de Aušra Augustinavičiūtė anteriormente mencionada.

Cada uno de los 16 tipos de personalidad ID16™© es la resultante de las tendencias naturales de la persona. La inclusión en un determinado tipo no tiene, sin embargo, características evaluativas. Ningún tipo de personalidad es mejor o peor que los otros. Cada uno de los tipos es simplemente diferente y cada uno tiene sus puntos potencialmente fuertes y débiles. ID16™© permite identificar y describir estas diferencias. Ayuda a comprenderse a uno mismo y a descubrir nuestro lugar en el mundo.

Conocer el perfil propio de personalidad permite a las personas aprovechar en su totalidad su potencial y trabajar en las áreas que pueden causarles problemas. Este conocimiento constituye una ayuda inestimable en la vida diaria, en la solución de problemas, en la creación de relaciones sanas con otras personas y en la toma de decisiones acerca de la educación y la carrera profesional.

La determinación del tipo de personalidad no es un proceso de carácter arbitrario y mecánico. Cada persona, como «propietario y usuario de su personalidad» es plenamente competente para determinar a qué tipo pertenece. Su papel en este proceso es, por lo tanto, crucial. Esta autoidentificación puede realizarse analizando las descripciones de los 16 tipos de personalidad y estrechando gradualmente el campo de elección. Sin embargo, se puede elegir un camino más corto: utilizar el test de personalidad ID16™©. También en este caso, el «usuario de la personalidad» tiene un papel primordial, ya que el resultado del test depende exclusivamente de las respuestas del usuario.

La identificación del tipo de personalidad ayuda a conocerse a uno mismo y a los demás; no obstante, no debería ser tratada como una profecía que predestina el futuro. El tipo de personalidad nunca puede justificar nuestras debilidades o nuestras malas relaciones con otras personas (¡aunque puede ayudar a comprender sus motivos!).

En el marco de ID16™© el tipo de personalidad no es tratado como un estado estático, genéticamente determinado, sino como la resultante de características innatas y adquiridas. Este enfoque no quita importancia al libre albedrío, ni tampoco pretende clasificar a las personas. Abre ante nosotros nuevas perspectivas que nos animan a trabajar sobre nosotros mismos, ya su vez estas perspectivas nos muestran las áreas en las que este trabajo es más necesario.

Artista (ISFP)

La personalidad a grandes rasgos

Lema vital: *¡Creemos algo!*

Sensible, creativo y original. Tiene un gran sentido de la estética y capacidades artísticas naturales. Independiente, se guía por su propia escala de valores y no cede ante la presión. Optimista y con una actitud positiva hacia la vida; es capaz de disfrutar del momento.

Disfruta ayudando a los demás. Le aburren las teorías abstractas; prefiere crear la realidad que hablar de ella. Sin embargo, le resulta más fácil empezar cosas nuevas que acabar las empezadas antes. Suele tener dificultades para expresar sus propios deseos y necesidades.

Tendencias naturales del *artista*:

- Fuente de energía vital: mundo interior.
- Asimilación de información: sentidos.
- Toma de decisiones: corazón.
- Estilo de vida: espontáneo.

Tipos de personalidad similares:

- *Protector*
- *Presentador*
- *Defensor*

Datos estadísticos:

- Los *artistas* constituyen el 6-9% de la población.
- Entre los *artistas* predominan las mujeres (60%).
- El país que se corresponde con el perfil de *artista* es China[1].

Código literal:

El código literal universal del *artista* en las tipologías de personalidad de Jung es ISFP.

Características generales

Los *artistas* se caracterizan por tener un carácter tranquilo y un refinado sentido del humor. Se

---

[1] Esto no quiere decir que todos los habitantes de China pertenezcan a este tipo de personalidad, sino que la sociedad china, en su conjunto, tiene muchas características del *artista*.

guían por su propio sistema de valores y son inmunes a la presión. Sin embargo, la opinión de otras personas tiene para ellos mucha importancia. Normalmente ellos mismos se valoran a través del prisma de las valoraciones y opiniones de los demás; además, son muy sensibles y es fácil herirlos.

Brújula interior

Son capaces de vivir el presente y disfrutar del momento. Raramente se afligen por el pasado o están intranquilos por el futuro. Su vida transcurre aquí y ahora. Aman la independencia y la sensación de libertad. Perciben el mundo como un lugar de posibilidades ilimitadas y les fascina su belleza. No les gustan las teorías y conceptos abstractos, que son difíciles de emplear en la práctica. Prefieren experimentar la vida a describirla o especular acerca de ella. Intentan vivir según los valores que profesan. Sienten una enorme incomodidad al actuar en contra de sus propias convicciones. Les atrae el mundo espiritual. Si no son personas creyentes, les atormenta una dolorosa sensación de vacío: sienten que les falta algo.

Unas relaciones sanas con las personas más cercanas son también muy importantes para ellos Sin ellas, no pueden ser felices ni disfrutar totalmente de la vida. Les gusta vivir a su ritmo. Soportan mal el uniformismo y la presión del tiempo. No se rinden ante las presiones que atentan contra sus principios. A veces, tienen problemas para adaptarse a las normas vigentes. Tampoco les gusta doblegarse ante las exigencias que no comprenden. Suelen tener miedo al encasillamiento y la limitación. Por este motivo a veces también temen las situaciones en las que deben asumir compromisos: les inquieta el poder perder la posibilidad de ser ellos mismos, de tomar decisiones y de elegir.

Ante los demás

Creen que toda persona tiene derecho a ser ella misma y debería ser aceptada tal y como es. Consideran que todo el mundo tiene dentro de sí un potencial positivo. Son capaces de percibir el bien en las personas rechazadas y ninguneadas por la mayoría de la sociedad. Tienen el extraordinario don de la empatía, gracias al cual son capaces de ayudar a otras personas, darles ánimos y suscitar confianza en sus propias fuerzas. A menudo ponen las necesidades de los demás en primer lugar y expresan su aceptación de forma casi incondicional (una excepción son las actitudes que socavan su escala de valores y convicciones). Consideran que si todos mostraran más amor a los demás el mundo sería mucho mejor.

No pueden comprender a las personas que tienen afición a atacar y criticar a los demás. Tampoco comprenden a los que alardean ante los demás o intentan aparentar ser quienes no son. Los motivos de estos comportamientos son para ellos un absoluto misterio. Como ellos mismos valoran la autenticidad, al esforzarse por el bienestar de los demás no intentan causar sensación en ellos. Tampoco buscan el poder o la influencia. No importunan, ni tampoco ejercen presión sobre los demás y ni siquiera procuran convencerlos de sus puntos de vista. Prefieren compartir sus propios pensamientos con la familia y los amigos más cercanos.

A los ojos de los demás

Los demás los perciben como personas amables, simpáticas, tranquilas y modestas con las que, sin embargo, no es fácil relacionarse con familiaridad. Pueden parecer, por lo tanto, excéntricos y misteriosos (los mismos *artistas* no se dan cuenta de que son percibidos así). Intrigan al entorno, ya que es difícil describirlos y clasificarlos de forma inequívoca. Normalmente son reservados y retraídos, aunque a veces se animan, hablando de buen grado con la gente y colmándolos de cumplidos. A veces pueden causar la sensación de ser pocos serios, pasivos, indecisos y de evitar las obligaciones.

Sin embargo, en realidad afrontan la vida con seriedad y, a pesar de algunas opiniones, no son asociales. Simplemente hacen las cosas «a su manera» (en su momento, a su ritmo). También prefieren actuar de modo individual, mientras que no son partidarios de participar en diversos tipos de actividades y empresas en grupo. A otras personas a veces les puede costar entender su deseo de ayudar a los demás. Como no creen en el altruismo, buscan en su actuación motivos ocultos.

Estética

Normalmente los *artistas* son amantes de la naturaleza. Les gusta estar en el seno de la naturaleza y aman los paisajes vírgenes, no deteriorados por la civilización. Tienen un alto sentido estético y de la belleza y un alma artística. Les encanta la armonía y la simplicidad natural. Tienen una perfecta facultad para sentir el espacio, los colores, los tonos y los sonidos. No solo son conocedores de la belleza, sino también sus creadores. Son capaces de jugar con la materia y crear a partir de ella bellas composiciones, imágenes y objetos. Les gusta el contacto con el arte, y a menudo son artistas de profesión (de ahí el nombre de este tipo de personalidad). Por lo general, perciben rápidamente las nuevas tendencias en la moda, el diseño, el arte y a menudo ellos mismos las inician.

Estilo de trabajo

Los *artistas* actúan bajo la influencia de un impulso creativo. No le dedican demasiado tiempo a la preparación y la reflexión. Cuando les viene una idea a la cabeza, simplemente la realizan. Tienen intereses muy diversos y les gusta probar cosas nuevas por su propia cuenta. Cuando se ocupan de algo pueden olvidarse de todo el mundo y pierden la noción del tiempo, enfrascándose totalmente en el trabajo. Sin embargo, si les interesa otra cosa, pueden dejar inmediatamente su ocupación actual y entregarse totalmente a la nueva.

Son muy flexibles y pueden adaptarse a las condiciones cambiantes del entorno. Su estilo de trabajo es a menudo un enigma para los demás. Se puede tener la impresión de que no aprovechan demasiado bien el tiempo del que disponen para realizar sus tareas (se distraen con facilidad con otras cosas), pero a pesar de eso, normalmente consiguen acabar el trabajo a tiempo.

Estudios

Por lo general, son prácticos. Las teorías y las ideas que no pueden emplear en la vida no tienen para ellos ningún valor. En lugar de teorizar sobre la realidad prefieren crearla.

No suelen tener recuerdos demasiado buenos de las clases en el colegio. Les gusta mucho aprender cosas nuevas, pero les aburren las clases teóricas y monótonas. Aprenden con más ganas y mejor a través de la experiencia. El mero proceso de creación ya les produce una enorme alegría. Para ellos es a menudo más importante que el propio resultado final.

Decisiones

Al resolver un problema son capaces de realizar una valoración rápida de la situación, tomar en consideración todos los medios disponibles en un determinado momento y adoptar rápidamente la decisión adecuada. A la hora de elegir se guían por su escala de valores y por el sentido común. Sin embargo, normalmente no son capaces de tomar decisiones de forma analítica y racional. Por lo general, analizan una determinada situación, pensando en las personas concretas involucradas en la misma, y en sus experiencias y sentimientos. También piensan en cómo se sentirían ellos mismos si tomaran una decisión u otra.

Comunicación

En general los *artistas* son taciturnos, especialmente en un grupo numeroso. Suele ocurrir que (paralizados por el miedo a la incomprensión o la crítica) temen expresar abiertamente sus pensamientos. Como resultado, a menudo el entorno no se entera de sus puntos de vista, opiniones y aficiones. Normalmente creen que las acciones tienen más poder que las palabras, por eso les gusta comunicar sus sentimientos y emociones a través de acciones concretas.

También tienen un umbral muy bajo de tolerancia a la crítica. A veces, la perciben incluso donde no la hay. Tratan las opiniones que no son conformes con sus convicciones como un ataque contra su escala de valores. Esta actitud hace que a veces se cierren ante una información disconforme con sus puntos de vista, lo que a su vez conduce a una limitación de su perspectiva.

Ante situaciones de estrés

El estado de ánimo de los *artistas* depende en gran medida de su entorno. Rodeados de belleza y armonía, pero también de amor, aceptación y el cariño de otras personas, se sienten felices. Sin embargo, la crítica, el desacuerdo y el conflicto despiertan en ellos una sensación de amenaza. Su reacción ante un estrés duradero es la retirada, la renuncia o la huida. El contacto con la naturaleza y los animales, así como con el arte, son para ellos un alivio. Normalmente les gusta mucho relajarse al aire libre y son capaces de disfrutar enormemente de las pequeñas cosas.

Aspecto social de la personalidad

Los *artistas* necesitan espacio y privacidad; por eso, a veces parecen algo cerrados en sí mismos y misteriosos. Sin embargo, las relaciones con los demás tienen para ellos una importancia fundamental. Les cuesta disfrutar de la vida si no pueden contar con la aceptación y el apoyo de los más cercanos. Ellos mismos son extraordinariamente leales y tratan muy seriamente sus obligaciones. Sus relaciones y amistades son muy estables y duraderas.

Normalmente, se esfuerzan por el buen estado de ánimo de las demás personas y evitan los conflictos a cualquier precio. Procuran no herir, apenar ni desanimar a nadie. Ayudan de buen grado a los demás a resolver sus problemas, aunque no confían en las personas que intentan dominarlos o aprovecharse de ellos.

Por lo general, son reservados con las personas que no conocen y necesitan tiempo para entablar nuevas amistades, las cuales se desarrollan lentamente. Raramente expresan abiertamente sus deseos y comparten de mala gana sus problemas personales. Esta actitud suele ser interpretada como una señal de distancia y retraimiento. Ocurre que en un grupo numeroso, los *artistas* son dominados por otros, dejados al margen o simplemente ignorados. Esta situación puede hacer que se vuelvan amargados y se aíslen de un modo cada vez más profundo.

Entre amigos

Normalmente los *artistas* no son personas locuaces, pero cuando hablan con alguien se implican completamente en la conversación. Escuchan con atención y hacen preguntas. También son capaces de interpretar las señales no verbales. Sienten un verdadero interés por la vida de sus amigos, sus experiencias e historias personales. Aún más, ¡las recuerdan! Saben qué interesa a sus amigos, qué les gusta, qué pasiones tienen y cuáles son sus problemas. Son, por lo general, altruistas: prestan de buen grado ayuda de manera desinteresada. Esto suelen hacerlo más mediante actos concretos que con palabras.

Les gusta pasar el tiempo con personas con intereses o aficiones comunes, y que los acepten tal y como son y no intenten cambiarlos ni ejercer presión sobre ellos. Ellos mismos son extraordinariamente tolerantes y sensibles a las necesidades y sentimientos de los demás. Son amigos fieles y muy entregados: se implican de todo corazón en las relaciones con los demás y no escatiman tiempo ni energía para dedicarse a sus amigos. Los ayudan de buen grado, mostrándoles comprensión y ayuda práctica.

Normalmente, suelen rodearse a lo largo de toda la vida por el mismo círculo de amigos cercanos, entre los cuales pueden encontrarse con más frecuencia *protectores*, *presentadores*, *idealistas* y otros *artistas*. Más raramente con, *directores*, *estrategas* e *innovadores*.

En el matrimonio

Los *artistas* esperan de sus maridos/esposas confianza y comprensión. Ellos mismos también se esfuerzan en comprenderlos y salir al encuentro de sus expectativas y necesidades. Anhelan poder tener una relación profunda y vivir la fidelidad, pero al mismo tiempo desean la tolerancia y la libertad. El respeto mutuo de la libertad de ambos es la base de su relación.

En las palabras y los gestos de sus parejas buscan una confirmación de su propio valor. Raramente hablan de sus emociones y sentimientos (a menudo sus familiares ni siquiera se dan cuenta de que los *artistas* son personas tan emocionales y sentimentales). Siempre buscan la armonía en la relación y muestran a sus parejas mucho amor y ternura. Ellos mismos también necesitan afecto, gestos de cariño y cercanía. Si sus maridos/esposas no perciben estas necesidades, entonces los *artistas* pueden sentirse utilizados, inútiles, como personas sin atractivo. Soportan mal la indiferencia, pero todavía peor la crítica abierta. Cuando esto ocurre, se cierran en sí mismos, se convierten en personas amargadas y pierden la confianza en sí mismos.

Los candidatos naturales a maridos/esposas de los *artistas* son personas de tipos de personalidad afines: *protectores*, *presentadores* o *defensores*. En estos matrimonios es más fácil crear una comprensión mutua y unas relaciones armoniosas. Sin embargo, la experiencia muestra que las personas pueden crear relaciones exitosas y felices, también a pesar de una evidente disconformidad tipológica. Aún más, ciertas diferencias entre los cónyuges pueden aportar dinámica a estas relaciones y contribuyen al desarrollo personal.

Como padres

A los *artistas* les encantan los niños, por esa razón el papel de padre constituye para ellos una gran alegría. Siempre encuentran tiempo para sus hijos y son capaces de disfrutar totalmente de cada momento, de cada juego con ellos y de cada excursión familiar. Tienen unos vínculos extraordinarios y especiales con sus hijos: los van creando desde sus primeros años y velan por ellos durante toda la vida. Respetan su individualidad y tratan de moldearlos según sus expectativas en relación con ellos. Les indican la dirección, pero no les imponen esquemas rígidos. Animan a los hijos a ser ellos mismos, a realizar sus propias pasiones y a aprovechar sus puntos fuertes. Normalmente no son demasiado exigentes y les cuesta emplear la disciplina en la educación de los hijos.

Su flexibilidad, el carácter abierto y la tolerancia pueden provocar efectos paralelos indeseados: a veces sus hijos tienen problemas para distinguir los comportamientos buenos de los malos, y los deseables de los censurables. Como padres están dispuestos a realizar cualquier sacrificio. Ocurre también que miman a sus hijos, satisfacen todos sus caprichos y los colman de regalos. Pasados los años los hijos valoran a los padres *artistas* principalmente por su aceptación, la ternura y el respeto por sus decisiones y elecciones.

Trabajo y carrera profesional

Los *artistas* pueden desempeñar con éxito numerosas tareas, aunque un trabajo en el que puedan realizar de forma práctica los valores que profesan supone para ellos una mayor satisfacción. La pasión es la clave de su éxito. Pueden lograr mucho cuando se dedican a lo que despierta su entusiasmo. Cuando el trabajo les parece algo aburrido y de poco valor, suelen tener peores resultados, lo cual les hace perder el entusiasmo inicial. Entonces, ni el mejor programa de motivación puede cambiar eso.

Entorno

Normalmente no les va demasiado bien en puestos que requieran realizar muchas tareas y acciones rutinarias. Lo pasan mal en entornos burocratizados y excesivamente formales en los que deban seguir procedimientos rígidos, actuar según un plan, cumplir plazos y seguir instrucciones detalladas. Ese no es su mundo.

A menudo se esfuerzan para planificar su carrera profesional de forma que puedan dedicarse en la vida a lo que les gusta y es importante para ellos. El trabajo no es para ellos solo una forma de ganarse la vida y el éxito no es sinónimo de una posición elevada y la admiración del entorno. Se encuentran a gusto en instituciones cuyo objetivo es ayudar a las personas y solucionar sus problemas. También les gustan los trabajos que proporcionan el contacto con la naturaleza y los animales

Estilo de trabajo

No les gusta dirigir a otras personas, ya que se les da mal disciplinar a la gente, llamarles la atención sobre sus malos resultados, dar órdenes y cumplir obligaciones. Les gusta actuar en segundo plano, aunque esto no siempre es posible (por ejemplo, cuando trabajan como artistas les toca a menudo ser el centro de atención). Cuando se ven obligados a desempeñar papeles en primer plano no les gusta estar demasiado tiempo en el centro, atrayendo las miradas de todos.

Tras realizar sus tareas les gusta retirarse a su propio refugio. La tranquilidad, el silencio y la soledad les permiten recuperar energías. También necesitan retroalimentación, es decir, recibir información que confirme que han hecho bien su trabajo. La opinión de otras personas tiene para ellos gran importancia. Normalmente son muy críticos consigo mismos y sus propios logros. A menudo — a pesar de una valoración positiva del entorno — no están satisfechos con los resultados de su trabajo.

Los demás valoran sus ideas relativas a soluciones prácticas de los problemas, así como su flexibilidad y capacidad de improvisación ante situaciones y acontecimientos repentinos e inesperados. Su capacidad para reaccionar rápidamente ante unas circunstancias cambiantes hace que sean candidatos ideales para trabajar en acciones de salvamento y en centros de gestión de emergencias.

Superiores

Los *artistas* valoran a los superiores que dan libertad a los trabajadores, les permiten ser ellos mismos y les dejan realizar sus tareas de la forma que más les convenga. En su opinión, los jefes también deberían apoyar a sus subordinados, especialmente en momentos difíciles y críticos de sus vidas. Les gusta que las relaciones laborales se basen en la confianza. Valoran mucho una ambiente amigable y sano en el lugar de trabajo y consideran que puede conseguirse más con elogios, ánimos y buenas palabras que con críticas, disciplina y un control estricto y excesivo. Les gusta cuando los superiores les hacen sentir que están satisfechos con su trabajo.

Por otra parte no les gusta unificar y clasificar a las personas. Se sienten mal cuando alguien les dice qué deberían hacer y cómo «se debe actuar». Ellos mismos tampoco ejercen presión alguna sobre otras personas ni las aleccionan. Consideran que todo el mundo debería tener libertad para tomar las decisiones referentes a su vida. Esta actitud hace que sean incapaces de desempeñar profesiones que requieran capacidad de persuasión o bien ejercer presión sobre la gente (por ejemplo, la venta a domicilio).

Profesiones

El conocimiento del perfil de personalidad propio y de las preferencias naturales es una ayuda inestimable a la hora de elegir la carrera profesional óptima. La experiencia muestra que los *artistas* pueden trabajar con éxito y sentirse realizados en diferentes campos, aunque su tipo de personalidad los predispone de forma natural para profesiones tales como:

- artesano,
- artista,
- asistente social,
- botánico,

- camarero,
- cocinero,
- decorador de interiores,
- diseñador de moda,
- diseñador gráfico,
- educador de preescolar,
- empleado de agencia de viajes,
- estilista,
- florista,
- fotógrafo,
- groomer,
- guarda forestal,
- jardinero,
- maestro de educación básica,
- mecánico,
- médico,
- músico,
- naturalista,
- peluquero,
- pintor,
- psicólogo,
- socorrista,
- trabajador de un centro de gestión de emergencias.

Potenciales puntos fuertes y débiles

Los *artistas*, al igual que otros tipos de personalidad, tienen potenciales puntos fuertes y débiles. Este potencial puede ser gestionado de diferentes formas. La felicidad personal y la realización profesional de los *artistas* dependen de si aprovechan las oportunidades relacionadas con su tipo de personalidad y de si hacen frente a las amenazas que les acechan. He aquí un RESUMEN de estas oportunidades y amenazas:

Puntos fuertes potenciales

Los *artistas* son por lo general optimistas, tienen una actitud positiva frente a la vida y son extraordinariamente cordiales. Se caracterizan por su carácter abierto hacia las personas y su tolerancia. Poseen un alto sentido estético y de la belleza, así como un alma artística. Tienen una excelente facultad para percibir el espacio, los colores, los tonos y los sonidos. Son capaces de utilizar las herramientas y recursos disponibles y, con ayuda de estos, crear bellas composiciones, imágenes y objetos. Perciben más rápido que los demás las nuevas tendencias en la moda, el diseño y el arte. Cuando trabajan en tareas en las que creen son capaces de poner en ellas mucho esfuerzo y energía. Aprenden rápidamente a través de la experiencia. Son unos verdaderos altruistas: se interesan sinceramente por las experiencias y los problemas de otras personas y desean ayudarlas. Son capaces de mostrarles ternura y solicitud. Respetan la individualidad de los demás y son unos perfectos oyentes. Perciben la bondad y el potencial positivo de cada persona.

Tienen el extraordinario don de la empatía, gracias al cual son capaces de ayudar a otras personas, darles ánimo y suscitarles confianza en sus propias fuerzas. Son independientes, se guían por su escala de valores y son resistentes a la presión. No les absorben las especulaciones sobre el futuro y tampoco se afligen por los errores del pasado. Son capaces de concentrarse plenamente en los problemas presentes y actuales. Son muy flexibles. Llevan bien los cambios y se pueden adaptar de inmediato a las nuevas condiciones en las que se encuentran. Reaccionan rápidamente a las nuevas circunstancias y saben cómo aprovechar las oportunidades que cada situación les brinda. Pueden improvisar perfectamente en caso de necesidad.

Puntos débiles potenciales

Por lo general, a los *artistas* no se les dan bien las tareas con un horizonte temporal lejano, que requieran planificación, preparación y pensar a largo plazo. Cuesta motivarlos para un trabajo cuyos resultados se aplacen en el tiempo. Son propensos a adoptar resoluciones y actuaciones impulsivas. Son mejores a la hora de empezar cosas nuevas que si se trata de acabar las ya iniciadas. Les cuesta tomar decisiones de forma analítica y racional, separadas de personas y situaciones concretas. Normalmente ellos mismos se valoran a través del prisma de las valoraciones y opiniones de los demás. Además son muy sensibles, y por eso es fácil herirles. Esto puede causar grandes problemas en la vida de los *artistas* que funcionan en un entorno desfavorable (por ejemplo, cuando se encuentran entre personas parcas en elogios o extremadamente críticas). Tienen tendencia a una baja autoestima y a socavar fácilmente su confianza en sí mismos. A menudo tienen miedo de expresar abiertamente sus pensamientos y deseos.

Su umbral de tolerancia a la crítica es muy bajo. Pueden verla incluso allí donde no la hay y percibir las opiniones contrarias a sus puntos de vista como un ataque a su escala de valores. Esto puede hacer que se cierren ante informaciones disconformes con su concepción del mundo, lo cual puede limitar sus horizontes. A menudo, los *artistas* tienen problemas para asimilar teorías y comprender conceptos que no pueden aplicarse en la práctica. Su individualismo y la tendencia que tienen a hacer las cosas «a su manera», les dificulta el trabajo en equipo. Cuando desempeñan funciones directivas les cuesta disciplinar a las personas, llamarles la atención sobre sus malos resultados, dar órdenes y cumplir obligaciones.

Desarrollo personal

El desarrollo personal de los *artistas* depende del grado en que utilizan su potencial natural y se sobreponen a las amenazas relacionadas con su tipo de personalidad. Los siguientes consejos prácticos constituyen un decálogo característico del *artista*.

Acaba lo que hayas empezado

Empiezas cosas nuevas con entusiasmo, pero te cuesta acabar lo que empezaste antes. Esta actuación normalmente produce resultados mediocres. Intenta establecer qué es lo más importante para ti, cómo quieres hacerlo y a continuación pasa a la acción ¡y que no te distraigan!

No temas los conflictos

Al encontrarte en una situación de conflicto no escondas la cabeza bajo la arena, en lugar de eso expresa tu punto de vista y tus sentimientos. A menudo los conflictos ayudan a descubrir y resolver problemas.

No condenes a los demás a hacer suposiciones

Diles a las personas cómo te sientes, cuéntales lo que experimentas y qué es lo que deseas. No dudes en expresar tus dudas, sentimientos y emociones. Al hacerlo, ayudas mucho a tus compañeros de trabajo y familiares.

No temas las ideas y opiniones que son diferentes a las tuyas

Antes de rechazarlas, piensa bien en ellas e intenta comprenderlas. Una actitud abierta ante los puntos de vista de los demás no tiene por qué significar abandonar los propios.

No tengas miedo a las críticas

No tengas miedo a las observaciones críticas de otras personas. La crítica puede ser constructiva y no tiene por qué significar un ataque a las personas o un socavamiento de tus valores.

Acepta la ayuda de otras personas

Supones que tú deberías ayudar a las personas y normalmente ellos buscan apoyo en ti. Sin embargo, cuando tengas un problema ¡no dudes en pedir ayuda a los demás y aprovecharla!

No dependas de la valoración de los demás

Acéptate de la misma forma en la que aceptas a los demás. No te valores a través del prisma de lo que dicen los demás sobre ti. Pueden equivocarse o no decir la verdad. Tú eres más competente para decidir sobre tu vida.

Actúa menos impulsivamente

Antes de tomar una decisión o implicarte en algo, dedica un poco de tiempo a recopilar información y analizarla, así como a valorar objetivamente la situación. Posiblemente así limitarás el número de tus acciones, pero también conseguirás que sean más efectivas.

Sé optimista

No des por seguro que vas a ser mal entendido, que sufrirás un revés o que harás el ridículo. Esta actitud ante la vida puede paralizarte. Lograrás más cuando confíes en que todo saldrá bien y te centres en las cosas positivas.

Aprende a decir «no»

Si no estás de acuerdo con algo, no tengas miedo a decirlo. Di «no», en especial cuando sientas que alguien abusa de tu ayuda o intenta que lo sustituyas.

Personas conocidas

La lista de personas conocidas que se corresponden con el perfil de *artistas* incluye, entre otros, los siguientes nombres:

- **Wolfgang Amadeus Mozart** (1756 - 1791), compositor y músico austriaco, perteneciente al grupo de los más eminentes clásicos vieneses;
- **Fiódor Dostoyevski** (1821 - 1881), escritor ruso (entre otras obras, *Crimen y castigo*), perteneciente a la vanguardia mundial de los autores de prosa psicológica;
- **August François-René Rodin** (1840 - 1917), escultor francés, simbolista e impresionista, precursor de la escultura contemporánea;

- **Vincent van Gogh** (1853 - 1890), pintor holandés, representante del postimpresionismo;
- **Marilyn Monroe**, realmente Norma Jeane Mortensen/Baker (1926 - 1962), actriz de cine estadounidense (entre otras películas, *Con faldas y a lo loco*), leyenda del cine;
- **Elizabeth Taylor** (1932 - 2011), actriz británica-estadounidense (entre otras películas, *Cleopatra*), distinguida con numerosos premios (entre ellos, dos Óscar);
- **Bob Dylan**, realmente Robert Allen Sumerjan (n. 1941), músico, vocalista, compositor y escritor estadounidense, una de las más importantes figuras de la música popular de la segunda mitad del siglo XX, ganador de los premios Grammy, Óscar, Pulitzer y el Nobel de Literatura;
- **Paul McCartney** (n. 1942), compositor, multiinstrumentalista y cantante inglés, cofundador del legendario grupo The Beatles, ganador de numerosos premios prestigiosos;
- **Steven Spielberg** (n. 1946), director estadounidense (entre otras películas, *La lista de Schindler*), guionista y productor de cine, ganador de numerosos premios prestigiosos;

- **Jean Reno**, realmente Juan Moreno y Herrera Jiménez (n. 1948), actor de cine francés (entre otras películas, *El profesional (León)*);
- **Christopher Reeve** (1951 - 2004), actor estadounidense (entre otras películas, *Superman*), director y escritor;
- **John Travolta** (n. 1954), actor estadounidense (entre otras películas, *Fiebre del sábado noche*), cantante y artista de variedades;
- **Kevin Costner** (n. 1955), actor y director estadounidense (entre otras películas, *Bailando con lobos*) y también productor de cine;
- **Earvin «Magic» Johnson** (n. 1959), exjugador profesional estadounidense de baloncesto de la NBA y medallista olímpico.

16 tipos de personalidad de forma breve

Administrador (ESTJ)

Lema vital: *¡Hagamos esa tarea!*

Trabajador, responsable y extraordinariamente leal. Enérgico y decidido. Valora el orden, la estabilidad, la seguridad y las reglas claras. Objetivo y concreto. Lógico, racional y práctico. Es capaz de asimilar una gran cantidad de información detallada.

Organizador perfecto. No tolera la ineficiencia, el despilfarro ni la pereza. Fiel a sus convicciones y directo en los contactos. Presenta sus puntos de vista de forma decidida y expresa abiertamente opiniones críticas, por lo que en ocasiones hiere inconscientemente a otras personas.

Tendencias naturales del *administrador*:

- Fuente de energía vital: mundo exterior.
- Asimilación de información: sentidos.
- Toma de decisiones: razón.
- Estilo de vida: organizado.

Tipos de personalidad similares:

- *Animador*
- *Inspector*
- *Pragmático*

Datos estadísticos:

- Los *administradores* constituyen el 10-13% de la sociedad.
- Entre los *administradores* predominan los hombres (60%).
- Un país que se corresponde con el perfil del *administrador* son los Estados Unidos[2].

Código literal:

El código literal universal del *administrador* en las tipologías de personalidad de Jung es ESTJ.

---

[2] Esto no quiere decir que todos los habitantes de los EE. UU. pertenezcan a este tipo de personalidad, sino que la sociedad estadounidense, en su conjunto, tiene muchas características del *administrador*.

Más:

Jarosław Jankowski
Tu tipo de personalidad: Administrador (ESTJ)

Animador (ESTP)

Lema vital: *¡Hagamos algo!*

Enérgico, activo y emprendedor. Le gusta la compañía de otros y sabe pasárselo bien y disfrutar del momento presente. Es espontáneo, flexible y suele estar abierto a los cambios.

Es entusiasta inspirador e iniciador, suele motivar a los demás a actuar. Lógico, racional y extraordinariamente pragmático. Realista. Le aburren las ideas abstractas y las reflexiones sobre el futuro. Procura solucionar los problemas concretos e inmediatos que se le presentan, pero a menudo también tiene dificultades con la organización y la planificación. Suele ser impulsivo. Suele ocurrir que primero actúa y luego piensa.

Tendencias naturales del *animador*:

- Fuente de energía vital: mundo exterior.
- Asimilación de información: sentidos.
- Toma de decisiones: razón.
- Estilo de vida: espontáneo.

Tipos de personalidad similares:

- *Administrador*
- *Pragmático*
- *Inspector*

Datos estadísticos:

- Los *animadores* constituyen el 6-10% de la sociedad.
- Entre los *animadores* predominan los hombres (60%).
- El país que se corresponde con el perfil de *animador* es Australia.

Código literal:

El código literal universal del *animador* en las tipologías de personalidad de Jung es ESTP.

Más:

Jarosław Jankowski
Tu tipo de personalidad: Animador (ESTP)

Artista (ISFP)

Lema vital: *¡Creemos algo!*

Sensible, creativo y original. Tiene un gran sentido de la estética y capacidades artísticas naturales. Independiente, se guía por su propia escala de valores y no cede ante la presión. Optimista y con una actitud positiva hacia la vida; es capaz de disfrutar del momento.

Disfruta ayudando a los demás. Le aburren las teorías abstractas; prefiere crear la realidad que hablar de ella. Sin embargo, le resulta más fácil empezar cosas nuevas que acabar las empezadas antes. Suele tener dificultades para expresar sus propios deseos y necesidades.

Tendencias naturales del *artista*:

- Fuente de energía vital: mundo interior.
- Asimilación de información: sentidos.
- Toma de decisiones: corazón.
- Estilo de vida: espontáneo.

Tipos de personalidad similares:

- *Protector*
- *Presentador*
- *Defensor*

Datos estadísticos:

- Los *artistas* constituyen el 6-9% de la población.
- Entre los *artistas* predominan las mujeres (60%).
- El país que se corresponde con el perfil de *artista* es China.

Código literal:

El código literal universal del *artista* en las tipologías de personalidad de Jung es ISFP.

Más:

Jarosław Jankowski
Tu tipo de personalidad: Artista (ISFP)

Consejero (ENFJ)

Lema vital: *Mis amigos son mi mundo.*

Optimista, entusiasta y gracioso. Amable, sabe actuar con tacto. Tiene el extraordinario don de la empatía y disfruta actuando de forma desinteresada a favor de los demás. Es capaz de influir en sus vidas: inspira, descubre en ellos el potencial oculto que tienen y suscita confianza en sus propias fuerzas. Irradia ternura y atrae a las demás personas. A menudo las ayuda a resolver sus problemas personales.

Suele ser crédulo, aunque un poco ingenuo, y tiene tendencia a ver el mundo de color de rosa. Concentrado en los demás, a menudo se olvida de sus propias necesidades.

Tendencias naturales del *consejero*:

- Fuente de energía vital: mundo exterior.
- Asimilación de información: intuición.
- Toma de decisiones: corazón.
- Estilo de vida: organizado.

Tipos de personalidad similares:

- *Entusiasta*
- *Mentor*
- *Idealista*

Datos estadísticos:

- Los *consejeros* constituyen el 3-5% de la población.
- Entre los *consejeros* predominan claramente las mujeres (80%).
- El país que se corresponde con el perfil de *consejero* es Francia.

Código literal:

El código literal universal del *consejero* en las tipologías de personalidad de Jung es ENFJ.

Más:

Jarosław Jankowski
Tu tipo de personalidad: Consejero (ENFJ)

Defensor (ESFJ)

Lema vital: *¿Cómo puedo ayudarte?*

Entusiasta, enérgico y bien organizado. Práctico, responsable, concienzudo. Cordial y extraordinariamente sociable.

Percibe los sentimientos humanos, las emociones y necesidades. Valora la armonía. Soporta mal la crítica y los conflictos. Es sensible a todas las manifestaciones de injusticia y protesta cuando ve que lastiman a otras personas. Se interesa sinceramente por los problemas de los demás y siente una verdadera alegría al ayudarlos. Al velar por sus necesidades a menudo desatiende las suyas propias. Tiene tendencia a hacer por los demás cosas que ellos mismos deberían hacer. Suele ser susceptible a la manipulación.

Tendencias naturales del *defensor*:

- Fuente de energía vital: mundo exterior.
- Asimilación de información: sentidos.
- Toma de decisiones: corazón.
- Estilo de vida: organizado.

Tipos de personalidad similares:

- Presentador
- Protector
- Artista

Datos estadísticos:

- Los *defensores* constituyen el 10-13% de la población.
- Entre los *defensores* predominan claramente las mujeres (70%).
- El país que se corresponde con el perfil de *defensor* es Canadá.

Código literal:

El código literal universal del *defensor* en las tipologías de personalidad de Jung es ESFJ.

Más:

Jarosław Jankowski
Tu tipo de personalidad: Defensor (ESFJ)

Director (ENTJ)

Lema vital: *Os diré lo que hay que hacer.*

Independiente, activo y decidido. Racional, lógico y creativo. Percibe un contexto más amplio de los problemas analizados y es capaz de prever las futuras consecuencias de las acciones humanas. Se caracteriza por el optimismo y un sensato sentido de su propio valor. Es capaz de transformar conceptos teóricos en planes de actuación concretos y prácticos.

Visionario, mentor y organizador. Tiene unas capacidades de liderazgo innatas. Su fuerte personalidad, su criticismo y su estilo directo a menudo intimidan a los demás y provocan problemas en sus relaciones interpersonales.

Tendencias naturales del *director*:

- Fuente de energía vital: mundo exterior.
- Asimilación de información: intuición.
- Toma de decisiones: razón.
- Estilo de vida: organizado.

Tipos de personalidad similares:

- *Innovador*
- *Estratega*
- *Lógico*

Datos estadísticos:

- Los *directores* constituyen el 2-5% de la población.

- Entre los *directores* predominan claramente los hombres (70%).
- El país que se corresponde con el perfil de *director* es Holanda.

Código literal:

El código literal universal del *director* en las tipologías de personalidad de Jung es ENTJ.

Más:

Jarosław Jankowski
Tu tipo de personalidad: Director (ENTJ)

Entusiasta (ENFP)

Lema vital: *¡Podemos hacerlo!*

Enérgico, entusiasta y optimista. Es capaz de disfrutar de la vida y piensa a largo plazo. Dinámico, ingenioso y creativo. Le gustan las personas y aprecia las relaciones sinceras y auténticas. Cálido, cordial y emocional. Soporta mal la crítica. Tiene el don de la empatía y percibe las necesidades, los sentimientos y los motivos de los demás. Los inspira y los contagia con su entusiasmo.

Le gusta estar en el centro de los acontecimientos. Es flexible y capaz de improvisar. Es propenso a tener ocurrencias idealistas. Se distrae con facilidad y tiene problemas para llevar los asuntos hasta el final.

Tendencias naturales del *entusiasta*:

- Fuente de energía vital: mundo exterior.
- Asimilación de información: intuición.
- Toma de decisiones: corazón.
- Estilo de vida: espontáneo.

Tipos de personalidad similares:

- *Consejero*
- *Idealista*
- *Mentor*

Datos estadísticos:

- Los *entusiastas* constituyen el 5-8% de la población.
- Entre los *entusiastas* predominan las mujeres (60%).
- El país que se corresponde con el perfil de *entusiasta* es Italia.

Código literal:

El código literal universal del *entusiasta* en las tipologías de personalidad de Jung es ENFP.

Más:

Jarosław Jankowski
Tu tipo de personalidad: Entusiasta (ENFP)

Estratega (INTJ)

Lema vital: *Esto puede perfeccionarse.*

Independiente, marcado individualismo, con una enorme cantidad de energía interna. Creativo e ingenioso. Visto por los demás como competente y seguro de sí mismo y, a la vez, como distante y enigmático. Mira cada asunto desde una perspectiva amplia. Desea perfeccionar y ordenar el mundo que le rodea.

Bien organizado, responsable, crítico y exigente. Es difícil sacarlo de sus casillas, pero también es difícil satisfacerlo totalmente. Por lo general, tiene problemas para interpretar los sentimientos y emociones de otras personas.

Tendencias naturales del *estratega*:

- Fuente de energía vital: mundo interior.
- Asimilación de información: intuición.
- Toma de decisiones: razón.
- Estilo de vida: organizado.

Tipos de personalidad similares:

- *Lógico*
- *Director*
- *Innovador*

Datos estadísticos:

- Los *estrategas* constituyen el 1-2% de la población.

- Entre los *estrategas* predominan claramente los hombres (80%).
- El país que se corresponde con el perfil de *estratega* es Finlandia.

Código literal:

El código literal universal del *estratega* en las tipologías de personalidad de Jung es INTJ.

Más:

Jarosław Jankowski
Tu tipo de personalidad: Estratega (INTJ)

Idealista (INFP)

Lema vital: *Se puede vivir de otra manera.*

Sensible, leal, creativo. Desea vivir según los valores que profesa. Muestra interés por la realidad espiritual y ahonda en los secretos de la vida. Suele conmoverse por los problemas del mundo y está abierto a las necesidades de otras personas. Valora la armonía y el equilibrio.

Romántico: es capaz de demostrar amor, pero él mismo también necesita cariño y afecto. Interpreta perfectamente los motivos y sentimientos de otras personas. Crea relaciones sanas, profundas y duraderas. En situaciones de conflicto lo pasa mal, no sabe qué hacer. No resiste el estrés y la crítica.

Tendencias naturales del *idealista*:

- Fuente de energía vital: mundo interior.
- Asimilación de información: intuición.
- Toma de decisiones: corazón.
- Estilo de vida: espontáneo.

Tipos de personalidad similares:

- *Mentor*
- *Entusiasta*
- *Consejero*

Datos estadísticos:

- Los *idealistas* constituyen el 1-4% de la población.
- Entre los *idealistas* predominan las mujeres (60%).
- El país que se corresponde con el perfil de *idealista* es Tailandia.

Código literal:

El código literal universal del *idealista* en las tipologías de personalidad de Jung es INFP.

Más:

Jarosław Jankowski
Tu tipo de personalidad: Idealista (INFP)

Innovador (ENTP)

Lema vital: *Y si probamos a hacerlo de otra forma...*

Ingenioso, original e independiente. Optimista. Enérgico y emprendedor. Persona de acción: le gusta estar en el centro de los acontecimientos y resolver «problemas irresolubles». Tiene curiosidad por el mundo, y es propenso al riesgo y suele ser impaciente. Visionario, abierto a nuevas ideas y ocurrencias. Le gustan las nuevas experiencias y los experimentos. Percibe las relaciones entre acontecimientos concretos y piensa a largo plazo.

Espontáneo, comunicativo y seguro de sí mismo. Propenso a sobrevalorar sus propias posibilidades. Tiene problemas para llevar los asuntos hasta el final.

Tendencias naturales del *innovador*:

- Fuente de energía vital: mundo exterior.
- Asimilación de información: intuición.
- Toma de decisiones: razón.
- Estilo de vida: espontáneo.

Tipos de personalidad similares:

- *Director*
- *Lógico*
- *Estratega*

Datos estadísticos:

- Los *innovadores* constituyen el 3-5% de la población.
- Entre los *innovadores* predominan claramente los hombres (70%).
- El país que se corresponde con el perfil de *innovador* es Israel.

Código literal:

El código literal universal del *innovador* en las tipologías de personalidad de Jung es ENTP.

Más:

Jarosław Jankowski
Tu tipo de personalidad: Innovador (ENTP)

Inspector (ISTJ)

Lema vital: *Primero las obligaciones.*

Una persona con la que siempre se puede contar. Educado, puntual, cumplidor, concienzudo, responsable: «persona de confianza». Analítico, metódico, sistemático y lógico. Los otros lo ven como reservado, frío y serio. Aprecia la tranquilidad, la estabilidad y el orden. No le gustan los cambios. En cambio, le gustan los principios claros y las reglas concretas.

Trabajador y perseverante, es capaz de llevar los asuntos hasta el final. Perfeccionista. Quiere controlarlo todo. Parco en elogios. No aprecia el valor de los sentimientos y las emociones de otras personas.

Tendencias naturales del *inspector*:

- Fuente de energía vital: mundo interior.
- Asimilación de información: sentidos.
- Toma de decisiones: razón.
- Estilo de vida: organizado.

Tipos de personalidad similares:

- *Pragmático*
- *Administrador*
- *Animador*

Datos estadísticos:

- Los *inspectores* constituyen el 6-10% de la población.
- Entre los *inspectores* predominan los hombres (60%).
- El país que se corresponde con el perfil de *inspector* es Suiza.

Código literal:

El código literal universal del *inspector* en las tipologías de personalidad de Jung es ISTJ.

Más:

Jarosław Jankowski
Tu tipo de personalidad: Inspector (ISTJ)

Lógico (INTP)

Lema vital: *Lo más importante es conocer la verdad acerca del mundo.*

Original, ingenioso y creativo. Le gusta resolver problemas de índole teórica. Analítico, brillante y con una actitud entusiasta hacia las nuevas ideas. Es capaz de relacionar fenómenos concretos y deducir de ellos principios generales y teorías. Lógico, preciso e indagador. Percibe rápidamente los síntomas de incoherencia e inconsecuencia.

Independiente y escéptico ante las soluciones y autoridades establecidas. Tolerante y abierto a los nuevos retos. Se suele quedar absorto en sus reflexiones, a veces pierde el contacto con el mundo exterior.

Tendencias naturales del *lógico*:

- Fuente de energía vital: mundo interior.
- Asimilación de información: intuición.
- Toma de decisiones: razón.
- Estilo de vida: espontáneo.

Tipos de personalidad similares:

- *Estratega*
- *Innovador*
- *Director*

Datos estadísticos:

- Los *lógicos* constituyen el 2-3% de la población.
- Entre los *lógicos* predominan claramente los hombres (80%).
- El país que se corresponde con el perfil de *lógico* es la India.

Código literal:

El código literal universal del *lógico* en las tipologías de personalidad de Jung es INTP.

Más:

Jarosław Jankowski
Tu tipo de personalidad: Lógico (INTP)

Mentor (INFJ)

Lema vital: *¡El mundo puede ser mejor!*

Creativo, sensible, adelantado a su tiempo, capaz de ver las posibilidades que los demás no ven. Idealista y visionario orientado a la ayuda a las personas. Concienzudo, responsable y al mismo tiempo amable, solícito y amistoso. Se esfuerza por entender los mecanismos que rigen el mundo y trata de ver los problemas desde una perspectiva más amplia.

Excelente oyente y observador. Se caracteriza por una extraordinaria empatía, por su intuición y la confianza en las personas. Es capaz de interpretar los sentimientos y las emociones.

Soporta mal la crítica y las situaciones de conflicto. Puede parecer enigmático.

Tendencias naturales del *mentor*:

- Fuente de energía vital: mundo interior.
- Asimilación de información: intuición.
- Toma de decisiones: corazón.
- Estilo de vida: organizado.

Tipos de personalidad similares:

- *Idealista*
- *Consejero*
- *Entusiasta*

Datos estadísticos:

- Los *mentores* constituyen aproximadamente el 1% de la población y son el tipo de personalidad menos frecuente.
- Entre los *mentores* predominan claramente las mujeres (80%).
- El país que se corresponde con el perfil de *mentor* es Noruega.

Código literal:

El código literal universal del *mentor* en las tipologías de personalidad de Jung es INFJ.

Más:

Jarosław Jankowski
Tu tipo de personalidad: Mentor (INFJ)

Pragmático (ISTP)

Lema vital: *Los actos son más importantes que las palabras.*

Optimista, espontáneo y con una actitud positiva hacia la vida. Comedido e independiente. Fiel a sus propias convicciones y escéptico ante las normas y principios externos. Le aburren las teorías y las reflexiones sobre el futuro.

Prefiere actuar y solucionar problemas concretos y tangibles.

Se adapta bien a los nuevos lugares y situaciones. Le gustan los nuevos retos y el riesgo. Es capaz de mantener la sangre fría ante las amenazas y los peligros. Su taciturnidad y su extrema sobriedad a la hora de expresar opiniones hace que suela ser indescifrable para los demás.

Tendencias naturales del *pragmático*:

- Fuente de energía vital: mundo interior.
- Asimilación de información: sentidos.
- Toma de decisiones: razón.
- Estilo de vida: espontáneo.

Tipos de personalidad similares:

- *Inspector*
- *Animador*
- *Administrador*

Datos estadísticos:

- Los *pragmáticos* constituyen el 6-9% de la población.
- Entre los *pragmáticos* predominan los hombres (60%).
- El país que se corresponde con el perfil de *pragmático* es Singapur.

Código literal:

El código literal universal del *pragmático* en las tipologías de personalidad de Jung es ISTP.

Más:

Jarosław Jankowski
Tu tipo de personalidad: Pragmático (ISTP)

Presentador (ESFP)

Lema vital: *¡Hoy es el momento perfecto!*

Optimista, enérgico y abierto a las personas. Es capaz de disfrutar de la vida y pasarlo bien. Práctico y al mismo tiempo flexible y espontáneo. Le gustan los cambios y las nuevas experiencias. Soporta mal la soledad, el estancamiento y la rutina. Se siente bien estando en el centro de atención.

Tiene unas capacidades interpretativas naturales y es capaz de hablar de una forma que despierta el interés y el entusiasmo de los oyentes. Al concentrarse en el día de hoy, a veces pierde de vista los objetivos a largo plazo. Suele tener problemas a la hora de prever las consecuencias de sus actos.

Tendencias naturales del *presentador*:

- Fuente de energía vital: mundo exterior.
- Asimilación de información: sentidos.
- Toma de decisiones: corazón.
- Estilo de vida: espontáneo.

Tipos de personalidad similares:

- *Defensor*
- *Artista*
- *Protector*

Datos estadísticos:

- Los *presentadores* constituyen el 8 -13% de la población.
- Entre los *presentadores* predominan las mujeres (60%).
- El país que se corresponde con el perfil de *presentador* es Brasil.

Código literal:

El código literal universal del *presentador* en las tipologías de personalidad de Jung es ESFP.

Más:

Jarosław Jankowski
Tu tipo de personalidad: Presentador (ESFP)

Protector (ISFJ)

Lema vital: *Me importa tu felicidad.*

Sincero, tierno, modesto, digno de confianza y extraordinariamente leal. Pone en primer lugar a los demás: percibe sus necesidades y desea ayudarles. Práctico, bien organizado y responsable. Paciente, trabajador y perseverante: es capaz de llevar los asuntos hasta el final.

Observa y recuerda los detalles. Valora mucho la tranquilidad, la estabilidad y las relaciones amistosas con los demás. Es capaz de tender puentes entre las personas. Soporta mal los conflictos y la crítica. Tiene un fuerte sentido de la responsabilidad y siempre está dispuesto a ayudar. Los demás suelen aprovecharse de él.

Tendencias naturales del *protector:*

- Fuente de energía vital: mundo interior.
- Asimilación de información: sentidos.
- Toma de decisiones: corazón.
- Estilo de vida: organizado.

Tipos de personalidad similares:

- *Artista*
- *Defensor*
- *Presentador*

Datos estadísticos:

- Los *protectores* constituyen el 8-12% de la población.

- Entre los *protectores* predominan claramente las mujeres (70%).
- El país que se corresponde con el perfil de *protector* es Suecia.

Código literal:

El código literal universal del *protector* en las tipologías de personalidad de Jung es ISFJ.

Más:

Jarosław Jankowski
Tu tipo de personalidad: Protector (ISFJ)

Apéndice

Las cuatro tendencias naturales

1. Fuente de energía vital dominante

   o MUNDO EXTERIOR
   Personas que obtienen energía del
   exterior, que necesitan actividad y
   contacto con los demás. Soportan
   mal la soledad prolongada.

   o MUNDO INTERIOR
   Personas que obtienen energía del
   mundo interior, que necesitan
   silencio y soledad. Se sienten
   agotados cuando están mucho
   tiempo en medio de un grupo.

2. Forma dominante de asimilación de la información

- o SENTIDOS
  Personas que dependen de los cinco sentidos. Les convencen los hechos y las pruebas. Les gustan los métodos comprobados y las tareas prácticas y concretas. Son realistas y se basan en la experiencia.

- o INTUICIÓN
  Personas que dependen de un sexto sentido, que se guían por los presentimientos. Les gustan las soluciones innovadoras y los problemas de índole teórica. Se caracterizan por su enfoque creativo de las tareas y por su capacidad de previsión.

3. Forma de toma de decisiones dominante

- o RAZÓN
  Personas que se guían por la lógica y los principios objetivos. Críticos y directos a la hora de expresar sus opiniones.

- o CORAZÓN
  Personas que se guían por los sentimientos y los valores. Anhelan

la armonía y necesitan estar bien con los demás.

4. Estilo de vida dominante

o ORGANIZADO
Personas concienzudas y organizadas. Valoran el orden, son personas a quienes les gusta actuar según un plan.

o ESPONTÁNEO
Personas espontáneas, que valoran la libertad. Disfrutan del momento y se encuentran a gusto en situaciones nuevas.

Porcentaje orientativo de los diferentes tipos de personalidad en la población

Tipo de personalidad:	Porcentaje:
Administrador (ESTJ):	10 – 13%
Animador (ESTP):	6 – 10%
Artista (ISFP):	6 – 9%
Consejero (ENFJ):	3 – 5 %
Defensor (ESFJ):	10 – 13%
Director (ENTJ):	2 – 5%
Entusiasta (ENFP):	5 – 8%
Estratega (INTJ):	1 – 2%
Idealista (INFP):	1 – 4%
Innovador (ENTP):	3 – 5%
Inspector (ISTJ):	6 – 10%

Lógico (INTP):   2 – 3%
Mentor (INFJ):   aprox. 1%
Pragmático (ISTP):   6 – 9%
Presentador (ESFP):   8 – 13%
Protector (ISFJ):   8 – 12%

Porcentaje orientativo de mujeres y hombres entre las personas con un determinado tipo de personalidad

Tipo de personalidad:	Mujere/ hombres:
Administrador (ESTJ):	40% / 60%
Animador (ESTP):	40% / 60%
Artista (ISFP):	60% / 40%
Consejero (ENFJ):	80% / 20%
Defensor (ESFJ):	70% / 30%
Director (ENTJ):	30% / 70%
Entusiasta (ENFP):	60% / 40%
Estratega (INTJ):	20% / 80%
Idealista (INFP):	60% / 40%
Innovador (ENTP):	30% / 70%
Inspector (ISTJ):	40% / 60%
Lógico (INTP):	20% / 80%
Mentor (INFJ):	80% / 20%
Pragmático (ISTP):	40% / 60%
Presentador (ESFP):	60% / 40%
Protector (ISFJ):	70% / 30%

Bibliografía

- Arraj James, *Tracking the Elusive Human, Volume 2: An Advanced Guide to the Typological Worlds of C. G. Jung, W.H. Sheldon, Their Integration, and the Biochemical Typology of the Future*, Inner Growth Books, 1990.

- Arraj Tyra, Arraj James, *Tracking the Elusive Human, Volume 1: A Practical Guide to C.G. Jung's Psychological Types, W.H. Sheldon's Body and Temperament Types and Their Integration*, Inner Growth Books, 1988.

- Berens Linda V., Cooper Sue A., Ernst Linda K., Martin Charles R., Myers Steve, Nardi Dario, Pearman Roger R., Segal Marci, Smith Melissa A., *Quick Guide to the 16 Personality Types in Organizations: Understanding Personality Differences in the Workplace*, Telos Publications, 2002.

- Geier John G., Downey E. Dorothy, *Energetics of Personality*, Aristos Publishing House, 1989.

- Hunsaker Phillip L., Alessandra J. Anthony, *The Art of Managing People*, Simon and Schuster, 1986.

- Jung Carl Gustav, *Tipos psicológicos*, Trotta, 2013.

- Kise Jane A. G., Stark David, Krebs Hirsch Sandra, *LifeKeys: Discover Who You Are*, Bethany House, 2005.

- Kroeger Otto, Thuesen Janet, *Type Talk or How to Determine Your Personality Type and Change Your Life*, Delacorte Press, 1988.

- Lawrence Gordon, *Looking at Type and Learning Styles*, Center for Applications of Psychological Type, 1997.

- Lawrence Gordon, *People Types and Tiger Stripes*, Center for Applications of Psychological Type, 1993.

- Maddi Salvatore R., Personality Theories: *A Comparative Analysis*, Waveland, 2001.

- Martin Charles R., *Looking at Type: The Fundamentals Using Psychological Type To Understand and Appreciate Ourselves and Others*, Center for Applications of Psychological Type, 2001.

- Meier C.A., *Personality: The Individuation Process in the Light of C. G. Jung's Typology*, Daimon Verlag, 2007.

- Pearman Roger R., Albritton Sarah, *I'm Not Crazy, I'm Just Not You: The Real Meaning of the Sixteen Personality Types*, Davies-Black Publishing, 1997.

- Segal Marci, *Creativity and Personality Type: Tools for Understanding and Inspiring the Many Voices of Creativity*, Telos Publications, 2001.

- Sharp Daryl, *Personality Type: Jung's Model of Typology*, Inner City Books, 1987. Spoto Angelo, Jung's Typology in Perspective, Chiron Publications, 1995.

- Tannen Deborah, *Tú no me entiendes*, Círculo de lectores, 1992.

- Thomas Jay C., Segal Daniel L., *Comprehensive Handbook of Personality and Psychopathology*, Personality and Everyday Functioning, Wiley, 2005.

- Thomson Lenore, *Personality Type: An Owner's Manual*, Shambhala, 1998.

- Tieger Paul D., Barron-Tieger Barbara, *Just Your Type: Create the Relationship You've Always Wanted Using the Secrets of Personality Type*, Little, Brown and Company, 2000.

- Von Franz Marie-Louise, Hillman James, *Lectures on Jung's Typology*, Continuum International Publishing Group, 1971.